L'AMI
DES COLONIES
AUX
AMIS DES NOIRS.

« Il ne s'agit point d'examiner si ceux qui les premiers ont commencé la traite des Nègres, et qui les ont asservis à la culture de nos isles, ont agi avec justice, avec humanité ; la génération présente n'a point à répondre du fait des générations passées ; mais il s'agit de discuter si, dans l'état actuel des choses, on peut détruire ce que nos pères ont établi, sans produire un bouleversement désastreux pour la France, pour les Colonies, pour les Blancs, pour les Noirs eux-mêmes, un bouleversement plus meurtrier que la traite des Nègres, et par conséquent plus contraire à l'intérêt général de l'humanité. » *Prospectus du journal colonial.*

DE L'IMPRIMERIE DE MONSIEUR.

A PARIS,

Au bureau du journal colonial, rue de la Colombe, n°. 4.

1790.

L'AMI
DES COLONIES
AUX
AMIS DES NOIRS (1).

Amis des Noirs, quel est votre dessein ?
Est-ce de faire décréter l'affranchissement des
Nègres employés dans nos Colonies ? Je ne
vous objecterai pas, que si vous obtenez un tel
décret, que s'il s'exécute, il peut en résulter la
destruction de soixante et dix-mille Blancs habitans les Colonies ; cela ne vous toucheroit
pas : vous n'êtes point les amis des Blancs.
Je ne vous objecterai pas que, si ce décret
ne s'exécute point, (et vous devez croire
qu'il ne s'exécuteroit point, les Colonies pré-

---

(1) Parmi les *Amis des Noirs* il en est qui ne doivent leurs erreurs qu'à l'excès de leurs vertus. Rem-
pli pour eux d'estime et de respect, je les prie de
ne point s'offenser des réflexions que je vais adresser
à ceux de leur parti dont les projets mal-intention-
nés ou irréfléchis ne peuvent qu'être funestes à la
France, aux Colonies, et aux Noirs eux-mêmes.

A

férant plutôt de changer de domination ,) vous aurez au moins fait perdre à la France ses Colonies et 243 millions qu'elle en retire annuellement ; que ce sera enrichir d'autant les nations ses rivales, qui, s'emparant de cette source de richesses, acquerront sur la France une prépondérance numéraire de 486 millions annuellement, et au bout de dix ans, une prépondérance de plus de 4 milliards 800 millions. Amis des Noirs, cela ne vous toucheroit point non plus ; les calculs politiques vous sont indifférens. Je ne vous objecterai pas que cet affranchissement va détruire la marine française, notre commerce maritime, et faire périr de misère 5 à 6 millions de Français, occupés pour les Colonies, soit sur nos vaisseaux, soit dans nos ports, soit dans nos manufactures : Amis des Noirs, cela ne vous toucheroit point encore ; vous avez envoyé toute votre humanité au - delà des mers ; vous n'en avez rien gardé pour la France, pour votre patrie, pour ceux qui vous environnent, à la surveillance et au travail desquels vous devez votre sureté et votre subsistance : ceux-ci ne sont rien pour vous, et votre œil verroit de sang froid tous les désastres que vous auriez attirés sur eux.

Que vous dirai-je donc contre votre sys-

(3)

tême d'affranchissement ? Rien qui tienne à
l'intérêt des Blancs : mais écoutez un moment celui de ces Noirs même dont vous êtes
les amis. Écoutez à ce sujet l'homme qui doit
vous être le moins suspect, celui qui a tonné
avec le plus de force contre l'asservissement
des Nègres, l'abbé Raynal enfin, dans son his-
toire des deux Indes, *page 135*, du 6ᵉ. vol.
de la 2ᵉ. édit. in-8°.

« Il ne seroit pas, dit-il, impossible d'ob-
« tenir ces productions de nos Colonies, sans
« les peupler d'esclaves. Ces denrées pour-
« roient être cueillies par des mains libres, et
« dès lors consommées sans remords. » Ecou-
tez ce qu'il ajoute. « Pour atteindre, dit-il,
« à ce but regardé si généralement comme
« chimérique, *IL NE FAUDROIT PAS FAIRE*
« *TOMBER LES FERS DES MALHEUREUX*
« *QUI SONT NÉS DANS LA SERVITUDE*
« *OU QUI Y ONT VIEIILI. CES HOMMES*
« *STUPIDES, QUI N'AUROIENT PAS ÉTÉ*
« *PRÉPARÉS A UN CHANGEMENT D'ÉTAT,*
« *SEROIENT INCAPABLES DE SE CONDUIRE*
» *EUX-MEMES : LEUR VIE NE SEROIT*
« *QU'UNE INDOLENCE HABITUELLE OU*
« *UN TISSU DE CRIMES.* »

Amis des Noirs, voilà donc pour ces Noirs
eux-mêmes les suites de cet affranchissement

que vous voulez leur donner! une indolence stupide, l'incapacité de se procurer leur subsistance, le crime et le supplice.

Mais n'est ce que l'abolition actuelle de la Traite que vous demandez? Il seroit facile de vous prouver que votre patrie n'en sera pas moins ruinée, pour l'être un peu plus lentement : il est vrai que nous sommes convnus que cela ne vous touche point. Ne considérons donc encore ici que l'intérêt de vos amis les Noirs.

Est-ce le sort de vos amis qui sont en Afrique, ou de vos amis qui sont en Amérique, que vous prétendez améliorer? On peut vous prouver que cette abolition actuelle de la Traite empireroit à la fois l'état et des uns et des autres.

D'abord croyez-vous que vos écrits, que même les décrets de l'Assemblée nationale française, n'auront qu'à paroître sur la côte de Guinée, parmi vos amis qui ne savent pas lire, qui n'entendent ni votre français ni vos abstractions métaphysiques, pour y répandre ces principes de philosophie et de morale universelle, que des millions de vos compatriotes qui savent lire et entendent le français, rejettent toutes les fois qu'ils sont contraires à leurs intérêts? Croyez-vous que toutes les décisions de deux clubs, établis l'un à Londres

dres et l'autre à Paris, suffiront pour abolir en Afrique l'esclavage qui de tout temps y a existé, avant même l'établissement de la 'Traite?

Or, si vous ne pouvez espérer de détruire l'esclavage en Afrique, il ne s'agit que d'examiner si cet esclavage sera pour vos amis plus doux que celui d'Amérique. Je ne vous objecterai pas toutes les calamités d'Afrique indépendantes de cet esclavage : par exemple, un climat brûlant, des serpens, des bêtes féroces qui disputent à vos amis ces affreuses contrées, des insectes qui arrivent comme des inondations sur leurs campagnes, qui en dévorent dans un jour tous les végétaux, et qui laisseroient sans subsistance vos amis et leurs despotes eux-mêmes, s'ils n'avoient le courage de manger, à leur tour, ces insectes dégoûtans; mais je vous dirai : aimez-vous mieux que vos amis soient, dans ces pays horribles, les victimes de mille petits tyrans, qui, quoique vos amis, puisqu'ils sont Noirs, exercent sur eux toutes les barbaries possibles, la raison et leur intérêt n'y mettant aucun frein, et finissent le plus souvent par les égorger pour les manger, pour les offrir à leurs dieux, ou simplement pour assouvir leur vengeance hostile? Aimez-vous

A iij

mieux, dis-je, que vos amis soient esclaves là plutôt que dans des contrées, où n'ayant à redouter ni l'intempérie du climat, ni les insectes et les bêtes féroces de l'Afrique, ni ses tyrans plus féroces encore, ils ne seroient que les serviteurs à vie d'un maître dont les caprices même auroient pour frein la loi, les principes de son éducation, et si vous le voulez, son intérêt personnel?

Mais je sais que plusieurs d'entre vous ne veulent pas croire que l'esclavage ait de tout temps existé en Afrique, et qu'ils prétendent follement qu'en abolissant la Traite, l'esclavage s'y abolira de lui-même avec le temps. Passons-leur cette supposition, et ne voyons que l'état actuel des choses. Que se passe-t-il, dans ce moment, en Afrique?

Pendant que votre plume pacifique s'exerce pour vos amis, des guerres cruelles se continuent entr'eux, des prisonniers se font de toutes parts, et les vainqueurs attendent avec impatience que des vaisseaux armés pour la Traite viennent leur acheter les vaincus.

Si vos vaisseaux n'arrivent point, que vont faire de ceux-ci les vainqueurs? Ou ils vont les vendre à d'autres Nations, et certainement vos amis n'y gagneront rien; car il est prouvé que ce sont les Français qui traitent les Nègres avec le plus d'humanité, soit dans le transport, soit dans ateliers.

Ou bien vos amis les vainqueurs ne trouveront point le débit de vos amis les vaincus, et alors quel parti prendront-ils? Celui d'une politique féroce. Ne voulant point leur donner une liberté dont leur vengeance abuseroit, ne voulant point les garder comme esclaves, parce qu'ils leur seroient inutiles et embarrassans, ils les massacreront : oui, ils les massacreront, et ce sera vous qui aurez été la cause du massacre de vos amis. Ainsi il est demontré que, par l'abolition actuelle de la Traite, vous aurez mis le comble aux malheurs de vos amis les prisonniers d'Afrique.

Voyons maintenant ce qui résultera de cette abolition pour vos amis esclaves en Amérique, où vous avez vu quels inconvéniens l'abbé Raynal lui-même trouveroit à les affranchir.

Du moment où vos amis les Noirs Africains ne viendront plus partager les travaux de vos amis les Noirs Américains, il est clair que le travail de ceux-ci ne sera plus également modéré : leur tâche va augmenter enproportion de ce que les ateliers seront moins fournis, et au lieu d'alléger le sort de vos amis, vous l'aurez empiré ; semblables à cet ours, ami du jardinier, qui, voulant lui sauver la piquure d'une mouche, le tua avec la meilleure intention du monde.

Ainsi, vous voyez, amis des Noirs, combien votre philantropie s'égare étrangement dans le systême de l'affranchissement actuel des Nègres, ainsi que dans celui de l'abolition actuelle de la Traite. Vous voyez combien, sous tous les rapports possibles, vos idées seroient funestes à vos amis adoptifs, les Noirs de l'Afrique et de l'Amérique, et à vos amis répudiés les Blancs, habitans de cette Métropole ou des Colonies. Et comment ne vous seriez-vous pas égarés? Pouviez-vous espérer que ce seroit vous, Messieurs les philosophes de l'espèce blanche, vous habitans du 50ᵉ. dégré de latitude, vous qui connoissez tout au plus votre nation, et à peine vos voisins, pouviez-vous espérer que ce seroit vous qui dresseriez un plan de bonheur praticable pour des hommes d'une autre espèce que vous, situés sous une zone aussi brûlante que la vôtre est tempérée, pour des hommes dont les facultés physiques et morales, les passions, les besoins, les inclinations, les préjugés et les mœurs vous sont inconnus et impossibles à deviner? Ah! s'il étoit si facile de faire le bonheur des hommes, de ceux

(9)

même avec lesquels on n'a aucuns rapports,
vous seriez donc bien coupables, Messieurs
les philosophes, de refuser ce divin bienfait
à tant d'individus qui vous entourent, dont
les cris de malheur se font plus entendre que
que jamais à ces Blancs, à ces Français enfin,
qui bientôt auront le droit de vous accuser
d'ingratitude, si vous ne voulez faire de la
philosophie que pour les Noirs, tandis qu'eux
Blancs font journellement pour vous du pain,
des habits, de l'encre et du papier.

Nota. Le morceau qu'on vient de lire est
extrait d'un journal qui commence à paroître,
et dont l'objet est plus important que jamais,
l'attention de toute la France étant fixée dans
ce moment sur le sort de ses Colonies et de
son commerce. Nous ne pouvons mieux faire
connoître la destination de ce journal qu'en
imprimant ici le *Prospectus* qui vient d'être
publié.

JOURNAL

COLONIAL ET MARITIME,

Par M. Dumorier.

PROSPECTUS.

Tandis que, toute entière à l'œuvre de sa régénération, la première des nations de ce continent emploie déja tous les moyens de sa liberté naissante, pour connoître les besoins de sa prospérité future; tandis que la France voit circuler dans son sein cette foule immense de journaux, dont plusieurs sont dangereux sans doute, mais dont les plus accrédités sont comme autant de canaux où coulent les lumières de la vérité et de la raison, d'autres nations unies à celle-ci de sentimens et d'intérêts, attachées à elle par des rapports d'utilité réciproque, mais séparées d'elle par de vastes mers, différant d'elle par l'influence du climat, par la culture et les productions de leur sol, par leurs besoins et par leurs mœurs, les *Colonies* françaises doi-

vent, sans plus attendre, rassembler et répandre à leur tour toutes les vérités, les lumières
et les instructions qui doivent éclairer la métropole sur ses intérêts externes, et les *Amis
de ces Colonies* sur le parti qu'ils doivent tirer
pour elles de la révolution qui s'opère. La
France a ses journaux nationaux ; il convient
que les Colonies aient leur *journal colonial.*

Ce journal paroîtroit une fois par semaine,
et il auroit vingt-quatre pages d'impression
in-8°., et davantage quand les souscriptions
excéderont 500.

Il offriroit d'abord l'extrait et l'analyse de
tous les ouvrages relatifs à l'intérêt des Colonies, ou la réfutation de tous ceux où cet intérêt seroit injustement attaqué.

Il feroit connoître les représentations adres-
sées à l'Assemblée nationale par nos villes de
commerce et de manufactures, si directement
intéressées à la conservation et à la prospérité
des colonies.

Il rendroit compte des principes d'administration coloniale adoptés par les autres nations, par les Anglais, les Hollandais, les
Danois, les Suédois, les Espagnols, etc., et
l'on mettroit en parallèle leurs avantages et
leurs inconvéniens avec ceux des principes
d'administration suivis ou proposés pour les

Colonies françaises. Les ouvrages étrangers publiés sur cette matière, seroient extraits ou indiqués dans le journal colonial.

On rassembleroit avec précision dans ce journal toutes les opinions et les faits qu'on trouveroit épars dans les autres journaux françois ou étrangers, et dont on jugeroit convenable de donner connoissance aux *Amis des Colonies.*

Ce journal seroit ouvert aux discussions qui tendroient à la découverte des vérités utiles aux Colonies, et le rédacteur emploieroit avec reconnoissance les observations qui lui seroient communiquées.

Et dans quel moment pourroit-il être plus nécessaire d'ouvrir un libre champ à ces discussions, et d'y appeller les véritables *Amis des Colonies ?* Dans le centre de la métropole s'est formée depuis long-temps, contre l'intérêt colonial et celui de la métropole elle-même, une société, dont la plûpart des membres sont bien intentionnés sans doute, mais qui, dépourvus d'une expérience locale, qui ne connoissant par eux-mêmes ni la situation intérieure, ni les mœurs, ni le régime nécessité des Colonies, se laissent égarer par de fausses relations, et, à leur tour, égarent dangereusement l'opinion publique : ils l'éga-

rent par des faits inexacts, par des conjectu-
res sans fondement, et sur-tout par des con-
noissances générales tirées de faits particuliers:
ils l'égarent facilement, presque tous leurs
lecteurs ne connoissant pas plus que les amis
des Noirs les pays dont ils parlent: ils l'égarent
avec d'autant plus de puissance, qu'ils prêchent un prosélytisme prétexté des droits de
l'humanité, et qu'ils le prêchent avec le ton
de la persuasion et l'accent de la sensibilité.

Amis des Colonies, hâtez-vous d'appeller de
ces contrées éloignées la vérité méconnue ici
des amis des Noirs, et que le journal colonial la
présente à l'opinion publique! Amis des Colonies, vous indiquerez dans ce journal, d'un
côté les abus qu'il faut détruire, et de l'autre
les loix et les usages qu'il faut conserver ou
établir pour l'intérêt de la métropole, pour
celui des Colons et pour celui des Noirs. Amis
des Colonies, vous pouvez, sans trahir votre
patrie, sans ruiner des possessions qui sont
la source de ses richesses, vous montrer
plus les amis des Noirs que ceux-mêmes qui
en ont pris le titre. Amis des Colonies, vous
aurez dans cette cause importante mille considérations à faire valoir, mille sujets d'émou-
voir vos lecteurs ; et vous aussi, vous pour-
rez donner à vos écrits, l'onction de la sensi-

bilité, qui rendra toute-puissante la raison qui déjà se trouve dans votre parti. Oui, la raison est de votre parti; car il ne s'agit point d'examiner si ceux qui les premiers ont commencé la Traite des Nègres, et qui les ont asservis à la culture de nos Isles, ont agi avec justice, avec humanité; la génération présente n'a point à répondre du fait des générations passées : mais il s'agit de discuter si, dans l'état actuel des choses, on peut détruire ce que nos pères ont établi, sans produire un bouleversement désastreux pour la France, pour ses Colonies, pour les Blancs, pour les Noirs eux-mêmes, un bouleversement plus meurtrier que la Traite des Nègres, et par conséquent plus contraire à l'intérêt général de l'humanité.

Cette question, ainsi posée, sera sans doute facile à décider, l'intérêt de la métropole, celui des Colons et celui des commerçans se joignant, contre les amis des Noirs, aux grandes considérations de l'humanité et de la raison. Mais il est une discussion politique, qui sans doute sera plus long-temps agitée; c'est celle qui concerne les loix prohibitives du commerce des Colonies. Les Colons et les commerçans ont, sur cette question, des intérêts si opposés, qu'il seroit imprudent de la part du rédacteur de ce journal de vouloir les concilier : il se bornera donc à présenter, dans tout leur jour et toute leur force, les raisons d'intérêt public, qui seront plaidées de part et d'autre, et ce sera à l'opinion générale, à celle sur-tout des Représentans de la nation et des Colonies, à faire un choix digne d'être consacré par la loi.

Le journal colonial rendra compte de toutes les motions, opinions et décisions proposées et décrétées dans l'Assemblée nationale relativement aux Colonies et au commerce maritime; et l'on reprendra dans un des premiers numéros tout ce qui a été fait pour l'admission des députés actuels des Colonies à l'Assemblée nationale, et ce qui a été l'effet de cette députation; de sorte qu'en se reportant à ces époques antérieures, la collection du journal colonial comprendra, un jour, tout ce qui se sera passé d'intéressant pour les colonies, à commencer de la première Assemblée nationale.

On y fera connoître les arrêtés et mandats des commettans résidens dans les Colonies ou en France, rédigés pour l'instruction de leurs députations à l'Assemblée nationale, et aussi toutes les résolutions prises par les comités de ces députations, sur les différens partis qu'elles auront à prendre.

Ce journal annoncera ce qui émanera du pouvoir exécutif , pour l'administration des Colonies, de la compagnie des Indes, ou de la marine et du commerce relativement aux Colonies.

Il annoncera les nominations aux différentes places et emplois à remplir dans les Colonies ou en France, dans les bureaux de l'administration correspondans avec les Colonies.

Les causes coloniales, qui présenteront un intérêt majeur , soit par la nature de la question, soit par l'importance de l'objet litigieux, soit par celle des parties.

Le mariages, naissances et décès qui arriveront dans les familles les plus connues des Colons résidens soit dans les Colonies, soit en France.

Les renseignemens qu'il sera possible d'avoir sur les successions ouvertes dans les Colonies, et sur-tout sur les successions vacantes.

Les différens biens, habitations, maisons et droits de successions, qui seront à vendre dans les Colonies, à l'amiable ou autrement.

Les faillites, séparations de biens ou interdictions qui surviendront, soit dans les maisons de commerce en relation avec les Colonies, soit parmi les Colons en correspondance avec les places de commerce, afin que les Colons et les commerçans soient plus éclairés sur leurs relations contractées ou à contracter.

Le prix courant du fret, le taux des assurances et du change pour le commerce respectif des places de France, des Colonies et de l'Inde.

Le départ des vaisseaux de la marine royale ou marchande de nos ports pour les Colonies, et des Colonies pour nos ports, et leur arrivée, avec les détails qu'on aura obtenus sur leur cargaison et destination.

Les variations que les sucres, cafés, indigos, cotons et autres denrées coloniales, de telle ou telle nature, espèce et qualité, éprouveront dans leur prix courant, soit dans les ports de nos Colonies, soit dans ceux d'Europe et particulièrement de France.

L'annonce de toutes les denrées ou autres marchandises que des négocians ou fabricans voudront proposer aux armateurs pour l'importation dans les Colonies.

L'annonce des différens objets dont on saura que les Colonies désireront l'envoi.

Les demandes de personnes qui voudront partir pour les colonies, de tel ou tel port, et qui pourront désirer compagnie pour la traversée.

Les avis des procureurs, gens d'affaires ou négocians, qui partant de France pour telle ou telle colonie, voudront être chargés de procurations ou de commissions.

Les propositions de ceux qui auront à donner ou qui voudront obtenir de l'emploi sur les habitations, comme places d'économes, chirurgiens ou autres.

Enfin l'on insérera dans le journal colonial, d'après les lettres venant des Colonies ou des ports de France, les nouvelles et articles de tout genre, que l'on croira pouvoir intéresser les Colons et les commerçans français.

D'après ce plan, que nous serons exacts à remplir, nous espérons que ce journal conviendra non seulement à tous les Colons, armateurs et négocians faisant le commerce des Colonies, mais aussi à tous les fabricans et autres personnes intéressées à la conservation des Colonies, aux actionnaires de la compagnie ds Indes, et à tous ceux enfin qui seront assez bons patriotes pour se déclarer les amis des Colonies.

L'abonnement à ce journal sera, pour tout

le royaume, de 3o livres pour l'année, de 15 livres pour 6 mois, et de 9 livres pour 3 mois.

Les soumissions pour cet abonnement, les lettres et l'argent seront adressés *francs de port*, ainsi que les articles qu'on voudra faire insérer dans le *journal colonial*, à M. *Dumorier*, rue de la Colombe n°. 4.

MM. les Colons qui présument que les parens, amis, ou correspondans qu'ils ont dans les Colonies, s'abonneront volontiers au journal colonial, pourront souscrire, et envoyer à l'adresse ci-dessus, la soumission suivante.

« Je souscris pour M..... demeurant à...
« (désigner la Colonie). un abonnement de
« 3 mois (ou 6 mois ou un an) au journal co-
« lonial qu'il faudra adresser pour lui chez
» M.... (indiquer ici un correspondant au
« quel ce journal puisse être adressé dans un
« port de mer) et je réponds en mon nom
» de la somme de   pour le montant de
« ladite souscription. A   le